PARA:

DE:

Direção de arte: Trini Vergara
Desenho: María Natalia Martínez
Tradução para o português: Adriana Toledo de Almeida
Colaboração editorial: Cristina Alemany - María Eugenia Díaz Cafferata - Enriqueta Naón Roca

Este livro foi publicado anteriormente com o título: *Uma pausa para o espírito.*

www.livropresente.com

Av. Elias Zarzur Nº 168 - CEP 06708-210 - Cotia - São Paulo - Brasil
Tel./Fax (55-11) 4612-2866
e-mail: editoras@livropresente.com.br

ISBN 85-7683-031-0

Impresso na China por Ava Books Production Pte. Ltd.
Printed in China

Roberts, Linda
Um tempo para você / Linda Roberts; [desenho María Natalia Martínez; tradução Adriana Toledo de Almeida]. -- 1. ed. -- Cotia, SP: Vergara & Riba Editoras, 2005.
Título original: Una pausa para el espíritu.
Título anterior: Uma pausa para o espírito.

ISBN 85-7683-031-0

1. Alma 2. Citações 3. Máximas 4. Pensamentos
I. Martínez, María Natalia.
05-8829 CDD-808.882

Índices para catálogo sistemático:
1. Reflexões : Citações : Coletâneas : Literatura
808.882
2. Reflexões : Máximas : Coletâneas : Literatura
808.882

Um tempo para você

Linda Roberts

V&R Editoras

Recordar o essencial

Nossa vida moderna nos mergulha muitas vezes em um ritmo febril: pressões, preocupações e lutas constantes para conservar o que temos, para progredir, para alcançar o sucesso.
Isto pode nos fazer esquecer quem somos e talvez deixemos de apreciar o mundo que nos rodeia: a cor do céu em um meio-dia radiante ou o canto dos pássaros ao amanhecer.
Voltemos a recordar o essencial: qual é a nossa missão, onde está nossa verdadeira riqueza, quais são nossos desejos, o que gostaríamos de ser e não só de fazer.
Nosso espírito merece uma pausa. Deter-nos para entrar em contato com o mais autêntico de nós mesmos.
Uma viagem pelo nosso interior nos permitirá recuperar uma paz transformadora, que nos ajudará a desfrutar de valores já quase esquecidos.

A viagem mais longa é sempre ao nosso interior.
A viagem até nossa casa para nos encontrarmos
dura a vida toda... e talvez ainda um pouco mais.

JURGEN MOLTMANN

Ver um mundo em um grão de areia
e um céu em uma flor silvestre,
ter o infinito na palma da mão
e a eternidade em uma hora.

WILLIAM BLAKE

O que torna belo o deserto é que ele pode esconder um poço em qualquer parte.

ANTOINE DE SAINT-EXUPÉRY

Sorria a cada manhã porque Deus despertou antes de você e pendurou o Sol na sua janela.

Os paraísos perdidos estão
em nós mesmos.

MARCEL PROUST

O reino de Deus está dentro de você.

LUCAS 17:21

Houve um tempo em que os homens que viviam sobre a Terra eram deuses. Mas foram tantos os que pecaram que Brahma, o deus supremo, decidiu castigá-los privando-os do sopro divino. O grande deus, muito contrariado, decidiu esconder tal sopro em um lugar onde não pudessem encontrá-lo e usá-lo novamente para o mal.

Os outros deuses sugeriram ocultá-lo nas profundezas da Terra. Brahma respondeu: "Não, porque o homem escavará e o encontrará". Sugeriram-lhe, pois, escondê-lo no fundo do mar. "Também não", disse Brahma, "porque o homem aprenderá a mergulhar e também ali o encontrará". "Na montanha mais alta", propuseram outros. "Não", insistiu o grande deus, "porque um dia o homem subirá nas montanhas e recuperará o sopro divino".

Os outros deuses se deram por vencidos, incapazes de imaginar um lugar onde o homem não pudesse encontrá-lo. Então disse Brahma: "Vamos escondê-lo dentro do próprio homem, pois jamais pensará em buscá-lo ali".

Assim foi feito e, a partir desse momento, oculto no interior de cada ser humano existe algo divino. Desde então, o homem tem percorrido à Terra, descido aos oceanos, subido nas montanhas buscando essa qualidade que o torna semelhante a Deus e que está escondida em seu interior.

ANTIGA LENDA HINDU

Exercitar a paciência é difícil para o espírito
mas é a única coisa que vale a pena aprender.
Tudo o que é natureza, desenvolvimento, paz,
prosperidade e beleza no mundo descansa
na paciência, requer tempo, silêncio, confiança,
fé nos processos a longo prazo que duram
muito mais que a vida de um homem...
"Paciência", digo, e poderia dizer também fé
em Deus, sabedoria, inocência, simplicidade.

HERMANN HESSE

O objetivo da vida é viver, e isso significa
despertar alegremente, embriagadamente,
serenamente, divinamente alerta.

HENRY MILLER

A espiritualidade não consiste em conhecer as escrituras e travar debates filosóficos, mas em cultivar o coração e em possuir uma fortaleza incomensurável.

MAHATMA GANDHI

Mantenha-se em paz com Deus, do modo que O conceber. Quaisquer que sejam suas aspirações, conserve, na ruidosa confusão, a paz com sua alma. Mesmo com todos os seus trabalhos, farsas e sonhos destruídos, este ainda continua sendo um lindo mundo.

MAX EHRMANN

A importância do silêncio

O ruído externo e interno muitas vezes nos rodeia e nos atordoa. O mais grave é que já nos acostumamos a todo tipo de ruídos que perturbam nossa paz, nossa comunicação e que até prejudicam nossa saúde. Quase nos esquecemos da possibilidade do silêncio, de estar tranqüilos, sozinhos, com os sentidos calmos e a mente também tranqüila.

Do silêncio, se soubermos interpretá-lo, pode vir a resposta para todas as nossas perguntas. O silêncio é indispensável para nos conhecermos e nos analisarmos, para meditar, ordenar nossos pensamentos e encontrar a paz. É o grande mestre que nos ensina a escutar e a compreender.

Com um momento de quietude e solidão muitas palavras podem ser resumidas. Recuperemos o silêncio, nosso silêncio.

Tudo se resume em uma idéia: paz, silêncio, solidão.
O mundo e seu ruído estão fora do alcance
de nossas vistas, muito distantes.
O bosque e o campo, o sol e o vento, o céu, a terra
e a água, tudo fala o mesmo, silencioso idioma.

THOMAS MERTON

Silêncio, às vezes, é calar;
sempre é escutar.

Você nunca se perguntou
por que mundo após mundo
pelo céu profundo
vão passando em silêncio?
Eles, os que transpiram
as coisas absolutas,
por estradas azuis
calados sempre giram.
Só o homem, pequeno,
cujo pulsar do coração
na Terra é um sonho,
só o homem faz barulho!

Alfonsina Storni

Deus usa o silêncio para ensinar
sobre a responsabilidade das palavras.

PAULO COELHO

Os rios mais profundos são sempre
os mais silenciosos.

C. QUINTO

Dizem que uma rosa, quando se abre,
produz um som similar ao de uma peça de Bach.
Se quisermos ouvi-la, devemos, antes de tudo, refugiar-nos no silêncio.
Silêncio externo, silêncio interno e, só então, escutar.
Escutar implica uma atitude meditativa.
Todos os pensamentos se detêm e a concentração é máxima.
Submersos no silêncio, escutar.
Pôr toda a nossa atenção na escuta.
E então é possível "ouvir". No meio do silêncio profundo
pode-se ouvir címbalos, sinos, mananciais, chuva, flautas.

ANDRÉS PERCIVALE

O exercício do silêncio é tão importante
quanto a prática da palavra.

William James

Todos os problemas da humanidade surgem
da incapacidade do homem para se sentar
só e tranqüilamente em um quarto.

Blas Pascal

Transmitir a paz

*Há seres especiais que vivem em estado de paz. Têm o olhar sereno,
a voz pausada, o rosto calmo... Só sua presença já nos tranqüiliza.
Por que conseguem nos transmitir essa sensação de bem-estar,
de calmaria mesmo entre águas agitadas?
Porque encontraram a paz interior, o grau justo de conexão entre
o espírito e o mundo que os rodeia.
A paz é um valor abstrato e universal, mas pode ter muitas
definições, porque é uma vivência pessoal. A partir da experiência
própria, a paz pode ser comunicada, compartilhada, pode até contagiar.
Se a encontrarmos em nosso interior, além de nos sentir mais plenos
e felizes, poderemos irradiá-la aos outros.
E assim, formar uma cadeia invisível que nos una.*

Não vamos temer nos tranqüilizar:
o deserto pode florescer, o silêncio
pode tornar-se mensagem,
a solidão, se transformar em comunhão.

Tudo o que queremos
é que se dê uma oportunidade à paz.

JOHN LENNON

Cada vez que temos um pouco de tempo livre,
buscamos alguma forma de diversão.
Um livro, uma revista, o rádio ou a televisão.
Há uma exigência constante de que algo nos divirta,
de que nos entretenha, de que nos distancie de nós mesmos...
Poucos de nós caminhamos alguma vez pelo campo,
sem falar e sem cantar, simplesmente andando
enquanto observamos o que acontece
ao nosso redor e dentro de nós mesmos.

Krishnamurti

O perdão oferecido e aceito é premissa indispensável
para caminhar a uma paz autêntica e estável.

João Paulo II

O principal inimigo da serenidade
é o estresse.
Necessitamos nos deter,
respirar profundamente, nadar,
caminhar ao ar livre...
e recriar uma nova maneira de viver.

Eleve o pensamento,
suba ao céu,
não se entristeça com nada,
que nada o perturbe.

SANTA TERESA DE JESUS

Que sua alma se levante firme e serena
diante de um milhão de universos.

WALT WHITMAN

A paz de uma mente que, através da meditação profunda, purificou-se conseguindo entrar no Ser, não pode ser traduzida em palavras. O único que podemos é sentir sua força interior.

Maitranyana Brahmana Upanishad

Os espíritos superiores, se dirigirem bem seu vôo, difundem paz e bem-estar.

Platão

Se você souber aceitar a ajuda de outro, se compartilhar
seu pão e der com ele também um pedacinho de seu coração,
se você acreditar que o perdão consegue mais que a vingança,
se souber cantar a felicidade de outro e bailar sua alegria...
então a paz chegará.

CONGRESSO DOS MENINOS CANTORES. BRUXELAS, 1992

A única maneira de trazer paz ao mundo
é aprendendo a tornar pacífica nossa própria vida.

Preste atenção em sua parte imutável. É perfeita.
Na origem da vida, e só aí, pode-se encontrar a paz,
a harmonia e a serenidade impertubável do êxtase.

SABEDORIA DO AYURVEDA

Se não estamos em paz conosco mesmos,
não podemos guiar outros na busca de sua própria paz.

CONFÚCIO

Se o rancor é semeado, isso é o que se colhe.
Se a bondade, o amor, a tolerância
são semeados, isso é o que se colhe.
Temos o campo pronto para ser semeado...
A escolha das sementes é nossa.

Não há caminho para a paz. A paz é o caminho.

MAHATMA GANDHI

Não se encontra a paz interior só porque nós a desejamos.
A paz é uma medida de poder em nossa necessidade cotidiana.
A paz é uma consciência que surge de mananciais tão profundos
que as secas terrenais não podem esgotar.
A paz é um dom. Não é o resultado da força de vontade,
mas da hospitalidade espiritual.

Harry Emerson Fosdick

Senhor,
faça de mim um instrumento de Sua paz.
Onde houver ódio,
que eu leve o amor...

São Francisco de Assis

Conversar com Deus

Quase todas as religiões têm dogmas, preceitos ou mandamentos que, analisados, são semelhantes entre si porque estão baseados no amor: o amor a Deus e o amor a si mesmo como princípio fundamental para poder amar os demais.
Sem dúvida, outro dos fatores comuns é a comunicação com Deus, melhor dizendo, a oração. A oração como caminho, a oração para alcançar a paz interior, a oração de pedido, a oração de gratidão e a de louvação.
A meditação, o silêncio, o tranqüilizar dos pensamentos e abrir o coração são essenciais para essa comunicação.
Alguns a chamam de "Nirvana"; outros falam do "estado de graça", mas todos se referem ao mesmo: o momento sagrado e respeitoso de se encontrar com Deus e conversar.

A oração é a mais elevada forma
de união com Deus. Mas as obrigações
diárias bem feitas, ainda que sejam materiais,
constituem a oração mais sublime
que se pode elevar sobre a Terra.

C. López Pastorino

*A oração é um diálogo profundo com o Criador.
É bom estar a sós com Ele porque Seu amor nos envolve
e protege. Sua luz se transforma em um Sol poderoso,
que brilha em nosso interior e se irradia até aqueles que
nos rodeiam, transmitindo o calor e a alegria da esperança,
a segurança de que não estamos sós e de que podemos
recorrer a Ele sempre que necessitarmos falar.*

Que não peça proteção diante dos perigos,
mas valentia para enfrentá-los.
Que não suplique alívio às minhas dores,
mas firmeza para suportá-las.
Que não busque aliados na batalha da vida,
mas recorra às minhas próprias forças.
Que eu sinta sua graça em meu sucesso,
mas permita que eu segure sua mão
em meu fracasso.

RABINDRANATH TAGORE

Onde quer que abramos os olhos ou os ouvidos,
ou captemos o sussurro da criação,
Deus estará falando conosco.

M. OSCAR ROMERO

Ainda que você se sinta só e castigado
por um esquecimento cada vez mais forte
e lhe pareça estar abandonado
porque ninguém o espera, nem o percebe,
você não está completamente só e esquecido,
pois, entre tanta solidão e morte,
alguém que não se afasta de você
vive para escutá-lo e compreendê-lo.
Abra as portas sangrentas de sua ferida
e entrando no mais profundo de sua vida
(onde a dor não é somente sua)
perceberá com uma calma misteriosa
a luz de uma alma na raiz da alma
e o bem de um coração dentro do seu.

Francisco Luis Bernárdez

Um bispo, visitando os templos de sua região, chegou com seu barco a uma ilha distante onde havia um mosteiro muito pobre. Nele moravam três sacerdotes que dedicavam cada minuto de suas vidas a aliviar o sofrimento de seus semelhantes, mas que não tinham nenhuma instrução. O bispo desceu do barco e ficou com eles, ensinando-os pacientemente a oração do Pai Nosso. Antes de partir, pediu a eles que sempre se recordassem desta oração e que rezassem para salvar suas almas. Subiu ao barco e depois de um longo trecho, viu algo milagroso: os três sacerdotes o seguiam desesperados, caminhando sobre as águas.

— Perdoe-nos, eminência, mas nos esquecemos do Pai Nosso. Por favor, queremos aprendê-lo bem para poder alcançar a salvação.

O bispo, comovido, respondeu :

— Vocês não precisam saber nenhuma oração. Rezem como souberem. Suas almas já estão a salvo.

Antigo Conto Russo

Depois de deixar este mundo, um homem é chamado diante de Deus. Juntos revisam cada momento de sua vida: as boas e as más ações, as provas, as lições aprendidas, as mostras de amor. Ao finalizar, o homem fala com Deus:

— Pai, ao recorrer minha vida, vi que geralmente havia dois pares de pegadas em meu caminho. Isso me diz que o Senhor esteve comigo, que caminhou ao meu lado.

Contudo, quando os tempos foram difíceis e me senti desfalecer, só vi um par de pegadas. Por que me abandonou, Pai, nos momentos mais duros da minha vida, quando mais necessitava?

E Deus responde:

— Você não observou bem, meu filho. Nos bons tempos caminhei junto a você e lhe mostrei o caminho. Mas nos momentos mais terríveis, quando você já não tinha forças, então era eu quem o levava em meus braços...

Madre Teresa de Calcutá

Deus, de onde saiu este maravilhoso crepúsculo
de cobre para iluminar o céu?
Por ele, soube me encher de alegria novamente
e transformar um olhar feio em algo nobre.

Dê-me a festa mágica. Deus, deixe-a em minha vida,
dê-me os seus fogos para iluminar a terra,
deixe sua luz acesa em meu coração
e eu serei a chama de sua luz suprema.

E eu me irei pelos campos na noite estrelada
com os braços abertos e a cara limpa,
cantando ares ingênuos com as mesmas palavras
que nas noites se dizem os campos e a lua.

PABLO NERUDA

O Grande Espírito está em todas as partes:
ouve tudo o que está em nossas mentes e em nossos corações
e não é necessário falar com Ele em voz alta.

TRADIÇÃO DOS ÍNDIOS NAVAJOS

Senhor, dê-me a força para fazer tudo o que me pedir.
Então, peça-me o que quiser.

SANTO AGUSTINHO

Quanto menos palavras tiver a oração,
mais rapidamente chegará a Deus.

MARTINHO LUTERO

Confie em Deus sem nenhuma reserva;
não se apóie em sua inteligência.
Em todas as suas atitudes, tenha-O presente
e Ele dirigirá seus passos.

PROVÉRBIOS 3:5-6

Converso com o homem
que sempre anda comigo.
Quem fala só espera
falar com Deus um dia.

ANTÔNIO MACHADO

Obras reproduzidas de Claude Monet (1840-1926)

Capa:	*Cap d'Antibes*, (c. 1888).
Págs. 5 e 12:	*Primavera*, (1886), Fitzwilliam Museum, Cambridge.
Págs. 6 e 7:	*Lírios no jardim de Monet*, (1900), Musée d' Orsay, París.
Pág. 8:	*Nenúfares*, (1897/98), Los Angeles County Museum of Art, Los Ángeles.
Pág. 10 e 11:	*O jardim de Monet em Argenteuil*, (1873), coleção particular.
Pág. 15:	*Impressão Sol Nascente*, (1872), Musée Marmottan, París.
Págs. 16 e 17:	*O jardim de Monet em Vétheuil*, (1881), National Gallery of Art, Washington.
Pág. 18 e 19:	*Nenúfares*, (1914), National Museum of Western Art, Tokio.
Pág. 20:	*A ponte de Argenteuil*, (1874), Museé d' Orsay, París.
Pág. 23:	*O passeio de Argenteuil*, Claude Monet (1872), National Gallery of Art, Washington.
Pág. 24 e 25:	*Villas em Bordighera*, (1884), The Santa Barbara Museum of Art, Santa Barbara.
Pág. 27:	*Álamos à margem del Rio Epte*, (1891), coleção particular, Estados Unidos.
Pág. 28 e 29:	*Nenúfares*, (1919), coleção particular.
Pág. 30 e 31:	*Álamos, três árvores rosa no Outono*, (1891), Philadelphia Museum of Art, Filadelfia.
Pág. 32 e 33:	*O barco - atelier*, (1874), Rijksmuseum Kröller - Müller, Otterlo.
Pág. 34 e 35:	*Bordighera*, (1884), The Art Institute of Chicago, Chicago.
Pág. 36 e 37:	*Nenúfares*, (1918-1921), Musée Marmottan, París.
Pág. 39:	*Regatas em Argenteuil*, (1872), Musée de l' Impressionnisme, París.
Pág. 40 e 41:	*Nas margens do Rio. Bennecourt*, Claude Monet (1868), The Art Institute of Chicago, Chicago.
Págs. 42 e 43:	*Campo de papoulas em Argenteuil*, (1873), Musée d' Orsay, París.

Outros livros presente desta editora

A FORÇA INTERIOR

A PAZ INTERIOR

SABEDORIA PARA VIVER

ENCONTRAR
A FELICIDADE

UM PRESENTE
PARA A ALMA

Sua opinião é muito importante para nós!

Escreva-nos um e-mail para **opiniao@livropresente.com.br**
com o título deste livro no "**Assunto**".